AF395310

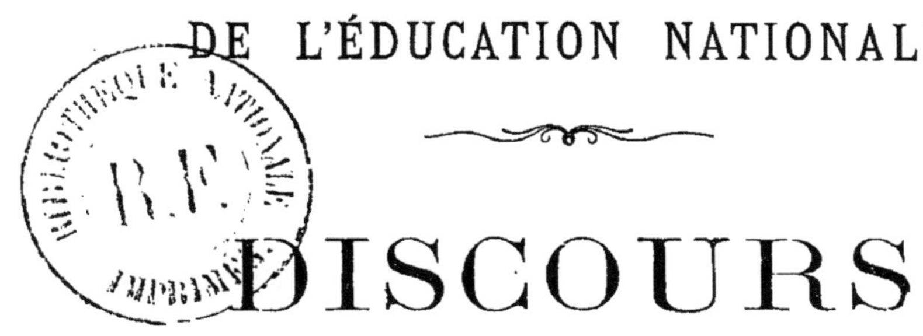

DISCOURS

PRONONCÉ

A LA DISTRIBUTION DES PRIX

DU

PETIT SÉMINAIRE D'OLORON-SAINTE-MARIE

Le 5 Août 1880

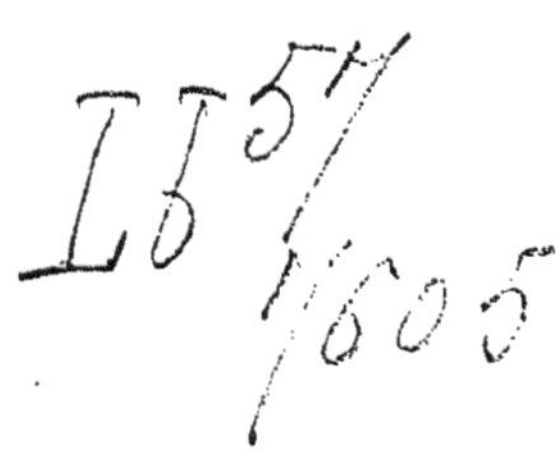

DE L'ÉDUCATION NATIONALE

MONSEIGNEUR (*),

MESSIEURS,

Je voudrais, en cette solennité, vous exposer quelques pensées sur l'*Éducation nationale*. — Ce serait ma réponse à la confiance que vous nous témoignez, en nous demandant de former vos enfants au patriotisme, aussi bien qu'à la religion, aux sciences et aux belles-lettres

L'amour de la patrie, comme toute affection humaine, a besoin d'être dirigé : bien conduit, il deviendra une vertu héroïque. — Comment essayons-nous de diriger ce noble sentiment ?

C'est en déroulant devant les yeux de nos élèves les annales de notre histoire, et les chefs-d'œuvre de notre langue, — en leur faisant connaître nos origines, la succession de nos régimes, nos guerres nationales, la transformation progressive de nos institutions et de notre idiome, les noms célèbres de nos capitaines, de nos législateurs, de nos écrivains et de nos saints ; — et en faisant jaillir de chaque fait un enseignement, de chaque exemple une leçon, de chaque dévouement un appel à leur patriotisme.

(*) Mgr DUCELLIER, évêque de Bayonne.

— 4 —

Le champ serait immense, Messieurs, je dois le circonscrire. Aussi me bornerai-je aux deux sources les plus fécondes du vrai patriotisme, notre *histoire* et notre *langue*.

I

Notre histoire nationale ! mes chers enfants, de quel vivant commentaire elle vient appuyer tous les conseils que nous vous donnons. Bien souvent, poussés par les aspirations de vos âmes généreuses, vous nous demandez comment on peut se rendre utile à son pays : on vous a toujours répondu par ces paroles du jeune et excellent abbé Perreyve, qui, lui aussi, aimait passionnément l'Église et la France : « *Si vous voulez servir cette grande ambition, soyez les premiers dans votre profession. Etes-vous avocat, soyez un bon avocat ; êtes-vous soldat, soyez un bon soldat ; êtez-vous médecin, soyez le premier médecin ; êtes-vous prêtre, travaillez à être un très-bon prêtre.* »

Eh bien, il n'est point une page de notre histoire qui ne nous permette de fortifier chacun de ces avis par l'autorité d'un grand exemple. A nos futurs soldats elle présente les du Guesclin, les Bayard, les d'Assas montrant par leur vie et par leur mort ce que veulent dire ces mots *bravoure, loyauté, dévouement.*

A nos futurs médecins, toute une suite d'hommes illustres, depuis Ambroise Paré, médecin des Valois, jusqu'au docteur Récamier, leur rappelle

que, dans cette science qui sonde tous les mystères et toutes les souffrances de la vie physique, si
l'homme peut beaucoup, Dieu peut davantage,
selon cette parole du premier, qui disait de l'un
de ses malades : « Je le *pansai*, Dieu le *guérit*. »

A nos futurs jurisconsultes, elle signale cette
grave magistrature française, dont le rôle est si
beau, dont l'attitude est si digne, et dont l'incor-
ruptible intégrité s'est dépeinte tout entière dans
cette parole de l'un de ses plus illustres membres,
répondant à des sollicitations offensantes : *La Cour
rend des arrêts, et non pas des services.*

A nos futurs commerçants, elle offre en exemple
le patriotisme si intelligent et si dévoué de *Jacques
Cœur* et de *Colbert* : le premier, celui que l'histoire nomme l'argentier de Charles VII, entretenait
à ses frais les armées qui nous rendirent la Nor-
mandie, sacrifiant son immense fortune au salut
de la patrie, comme Jeanne d'Arc, Richmond et
Dunois y mettaient leur épée et leur vie. — Le
second s'élevant de l'enseigne du *Long-Vêtu*, où
il avait commencé par *apprendre la marchandise*,
jusqu'à cette charge de contrôleur général des
finances et de la marine, où il créa et mit dans les
mains de Louis XIV ces immenses ressources qui
firent de la France l'arbitre de l'Europe ; — et
osant dire à ce monarque : « *Il faut épargner
cinq sols aux choses non nécessaires, et jeter les
millions quand il est question de votre gloire. Un
repas inutile de 3000 livres me fait une peine
incroyable ; mais lorsqu'il est question de millions*

d'or pour la Pologne, je vendrais tout mon bien, j'engagerais ma femme et mes enfants, et j'irais à pied toute ma vie pour y fournir. » Admirable union de l'esprit le plus positif et du patriotisme le plus ardent, qui a fait dire à son historien que ce génie froid et calculateur « ne connut qu'une seule passion, la *passion de la grandeur de la France* ».

Ceux d'entre vous, mes enfants, qui portent dans leur cœur, au sanctuaire le plus intime de leur âme, une vocation sacerdotale ou religieuse, c'est encore la France qui passe devant eux avec ses *Evêques*, qui l'ont formée et façonnée, *comme les abeilles construisent leur ruche;* — avec ses ordres monastiques qui, tour à tour défrichaient les terres et les âmes, conservaient les trésors de ses bibliothèques et les annales de son histoire, couvraient le sol de monuments et de bienfaits ; — avec ce clergé français qui fut, durant de longs siècles, le foyer le plus ardent de ses lumières, et le principal organe de sa vitalité ; — avec cette éloquence si harmonieuse, si vibrante de Fénelon, de Bossuet, de Lacordaire ; — avec cette bienfaisance de St Vincent de Paul, avec cet amour de Gerson ou du V. de La Salle pour les petits enfants ; — avec ces légions de missionnaires dont la main tient la croix et l'Evangile, et dont l'âme brûle d'un enthousiasme aussi chrétien que français, pour porter aux rivages les plus lointains ces deux noms entrelacés et ces deux amours inséparables du *Christ* et de la *France*.

Oui, messieurs, c'est avec un noble et patriotique orgueil que nous pouvons suivre le long de notre histoire cette trace lumineuse de l'influence souveraine exercée par notre patrie sur les destinées du monde ! Selon nos épopées nationales, selon la plus ancienne et la plus homérique de toutes, « le chef, le sommet de la race chrétienne, c'est la France, France la *doulce* avec son Charlemagne à la barbe fleurie, étalée sur son haubert étincelant ». — Du XIe au XVe siècle, la France et sa chevalerie suffisent largement à alimenter l'enthousiasme de toute l'Europe. Une autre épopée du XIIe siècle débute par ces accents où respire le plus fier amour de la patrie : « *Quand Dieu fonda cent royaumes, le plus beau fut doulce France* (1). »

Aussi lorsqu'un homme, parti de l'occident abordait aux plages de l'Afrique ou de l'Asie, qu'il portât le bâton du pélerin ou l'épée des chevaliers, qu'il vînt d'Allemagne, d'Angleterre ou d'Italie, pour tous ces peuples orientaux il n'avait qu'un nom, c'était *un Franc*. — Hommage universel rendu à notre patrie, sentiment d'admiration, mêlé d'amour et de confiance, que tous les peuples ont éprouvé pour le nôtre, et qu'Henri de Bornier a traduit avec un rare bonheur dans ce beau vers

> Tout homme a deux pays, le sien et puis la France.

Ce qu'un étranger ~~disait~~ d'un Français, de

(1) Couronnement de Looy.

Turenne, qu'*un tel homme n'honorait pas seulement son pays, qu'il honorait l'humanité*, les peuples, avec l'accent d'une commune admiration, l'ont répété de la France, ils ont dit que son histoire aussi honorait l'humanité.

II

Ce n'est pas seulement par notre histoire, c'est aussi grâce à notre *langue* que, malgré nos fautes et nos écarts, le nom français couvre encore le monde entier de son prestige et de sa puissance. Et ici, messieurs, pour être dans le vrai, il faut étendre cette influence de la langue française aux limites mêmes de notre histoire : car le fonds du langage que nous parlons présentement appartient aux âges les plus reculés de notre existence nationale. Sous ce rapport, la France nous apparaît encore comme le centre commun, comme le *cœur de l'Europe*. Pas un mouvement de ce grand corps qui ne parte de notre patrie ou qui n'y aboutisse. Depuis les premiers âges chrétiens, c'est elle qui donne partout l'impulsion, et jette au-dehors ses fécondes pensées : les nations voisines les recueillent avec empressement, et quelques-unes en font leurs chefs-d'œuvre.

Déjà au siècle de Joinville, la langue française était *le parler le plus délectable qu'il y eût au monde*. C'est au point que Brunetto Latini, cet auteur italien qui fut le maître du Dante, se croyait obligé d'écrire en français pour être mieux compris. — St François d’Assise chantait le long des routes des cantiques en français. On raconte même que le nom de François lui fut donné au lieu de celui de son père, à cause de sa grande habitude de la langue française. Notre langue prit alors cet ascendant européen qu’elle n’a jamais perdu depuis ; et par elle, notre patrie donna son nom, le nom de *franchise* aux deux plus précieux trésors de l’homme qui sont la vérité et la liberté !

Ici, messieurs, je me trouve en présence d’un des préjugés les plus extraordinaires, et qui, tout en faussant l’esprit de vos enfants, tendrait à amoindrir leur patriotisme : c’est celui qui refuse au Français, ce peuple si naturellement héroïque, le génie de l’épopée. — Or c’est par l’épopée que se manifeste la naissance de l’esprit français. *Les chansons de geste*, dans toute leur naïveté origi-nale, souvent aussi dans toute leur grandeur, sont la gloire la plus brillante de notre ancienne poé-sie. Bien loin que la France ait manqué d’épopées, elle en a inondé l’Europe : les nations voisines se sont inspirées du souffle de nos trouvères. Et nous, comme des fils prodigues ou ingrats, nous avons laissé dilapider l’héritage et la réputation de nos pères !

L’éducation nationale de vos enfants ne saurait donc admettre ce préjugé, ni rester étrangère à ce mouvement contemporain de réhabilitation de notre vieille histoire, de notre vieille architecture, de notre vieille langue, qui est vraiment de nos jours

comme la révélation d'une seconde antiquité, toute
nationale celle-là et bien plus chère à des cœurs
Français que l'antiquité grecque et romaine.

Pendant longtemps on fixa au milieu du XVIIe
siècle l'origine de notre littérature. On datait de
Pascal et de Corneille la constitution définitive de
la langue française On la faisait relever directe-
ment d'Athènes et de Rome, et on prétendait
qu'avant ce jour elle n'avait rien produit en France
d'une véritable valeur littéraire. — On connaît les
étranges jugements de Boileau à cet égard ; et
Fénelon, dans son enthousiasme fort exclusif pour
le génie grec, ne fut pas plus juste. Tout ce qui
avait précédé l'époque du grand roi était pour lui
de la *barbarie*. — Les dédains philosophiques du
XVIIIe siècle frappèrent encore d'une condamna-
tion plus absolue le français d'Amyot, la langue
de Montaigne, et tant d'écrits où notre prose
appauvrie est heureuse aujourd'hui d'aller cher-
cher ses anciennes richesses (1).

Enfin c'est jusqu'à peu d'années à peine, qu'a
régné cette exclusion anti-nationale qui vouait aux
ténèbres et à la barbarie plus de six siècles de
notre vie intellectuelle. En sorte qu'on a pu dire
avec la plus grande justesse : qu'en France aujour-
d'hui beaucoup savent le latin, quelques-uns le
grec, très-peu savent le *vieux français* (2).

Nous tous, messieurs, qui avons terminé nos

(1) Villemain.
(2) Littré.

études, il y a vingt-cinq ou trente ans, n'est-il pas vrai qu'en matière d'histoire et de littérature, — de littérature surtout, — nous n'avons pas été traités comme des enfants de la famille, qui ont partout leurs entrées libres dans la maison et le domaine paternel ; qui dans chaque recoin retrouvent un souvenir qui les émeut, dans chaque objet un bien qui leur appartient, et à chaque pas éprouvent ce sentiment délicieux que partout ils sont chez eux ? — N'est-il pas vrai qu'on nous traitait plutôt comme d'honorables étrangers qu'on reçoit seulement, avec une irréprochable mais froide politesse, au salon de compagnie, dans une société choisie, avec un langage dicté par l'art et le bon goût, et où presque tout se réduit, en fait de sentiment, à celui d'une admiration classique, officielle en quelque sorte pour les objets d'art qui ornent ce lieu, et pour les maîtres qui en font les honneurs ?

C'est ainsi qu'on nous introduisait alors dans ce salon académique de la littérature du grand siècle ; auprès de cette élite de beaux génies qui nous parlaient par leurs chefs-d'œuvre ; — dans ce cénacle où la langue la plus pure, j'en conviens, et le goût le plus exquis rendaient leurs arrêts sans appel ; dans ce concert où toute note résonnait à faux et blessait les oreilles, quand elle n'était pas un écho fidèle de la poésie, de l'éloquence, de la langue des Grecs et des Romains : aussi cette littérature classique ne souffrait-elle dans nos âmes d'autre admiration, d'autre culte, d'autres sentiments que ceux qu'elle dictait par les oracles de ses auteurs.

Oui, toute l'histoire, toute la littérature de notre patrie se réduisaient à cette seule époque, comme pour l'étranger, toute la maison qu'il fréquente se réduit au salon où il est admis. Et cependant nous ne sommes pas pour notre France ce que serait un étranger pour les hôtes qui le reçoivent. Nous sommes pour la France ce que des enfants sont pour leur mère !

Dès lors, ce n'est pas seulement à travers le prisme du grand siècle que nous voulons considérer son visage ; c'est à découvert, et sous toutes les formes de ses traits bien-aimés. La patrie n'est pas seulement pour nous la France de Louis XIV : elle est la France de Clovis et de Charles-Martel, de Charlemagne et de Saint Louis, de notre Henri et de notre siècle, la France de notre ancienne gloire et de nos derniers revers ! — Nous voulons qu'elle se présente à ses fils sous les traits encore incultes, mais vigoureux de sa jeunesse ; qu'elle leur parle les héroïques accents de ses poèmes du XIIe siècle. Nous sommes fiers de l'admirer si brave et si chevaleresque, menant la tête des croisades ; de lui entendre parler la langue naïve de Villehardouin, de Joinville, de Froissard et des trouvères. C'est avec tous les charmes de l'amour filial satisfait, que notre curiosité la voit développer la merveilleuse fécondité de son génie dans ces chroniques, dans ces fabliaux, ces mystères, ces essais en tous genres qui occupèrent l'intelligente activité de nos pères au XIVᵉ et au XVᵉ siècles. Que plus tard Corneille et Racine, Bossuet et Massillon lui aient imprimé le cachet d'une perfection inimitable, à la bonne heure ! Mais qu'on nous accorde aussi que Chateaubriand ou le chantre des *Méditations* et des *Harmonies* lui ont fait rendre depuis des accents inattendus. — Enfin de même que pour un enfant de noble cœur la vue de sa mère le fait tressaillir, surtout quand elle est souffrante, abattue et en danger de mourir ; de même pour nous, enfants de cette patrie qui se nomme la France, ce qui centuple notre amour pour elle, c'est de la voir blessée dans ses derniers désastres, profondément atteinte par les maux qui la rongent, mutilée par l'horrible amputation des deux provinces qu'elle pleure !

Ah ! messieurs, n'est-ce pas grâce à votre patriotisme, à ce patriotisme que nous voulons inspirer à vos enfants, que ces souvenirs de deuil font toujours battre nos cœurs ?

Durant ce mémorable siège d'Orléans qui inaugura le salut de la France, l'héroïque Jeanne d'Arc est avertie par ses voix qu'on a livré bataille à son insu. Elle s'éveille en sursaut, demande à grands cris ses armes et sa bannière. Elle s'élance vers les remparts avec une telle rapidité que le feu jaillit sous les pieds de son cheval. Elle apparaît au milieu de la mêlée en s'écriant : « *Oncques ne vis couler le sang de Français, sans que les cheveux ne se dressassent sur ma tête.* »

Ce sentiment et ce courage patriotiques, quelle

âme vraiment française ne les a pas ressentis, quand les voix de la patrie navrée nous portèrent soudain les cris de détresse partis de Reischoffen, de Metz et de la Loire ? — Cette parole de la Pucelle, que de mères, que d'épouses et de sœurs en France s'en sont souvenues en montrant de la main nos frontières envahies, et disant à leurs enfants, à leurs époux, ou à leurs frères : « Impossible de voir couler le sang le plus pur de la France, sans éprouver le patriotique frisson de Jeanne d'Arc, et sans nous écrier aussi : allez, volez au secours de la patrie, défendez-la, quoi qu'il en coûte ; sauvez-la, fût-ce au prix de notre bonheur et de votre vie ! »

Voilà comment, quoique jeunes encore, mes chers enfants, quoique retenus par vos études hors de ce théâtre où la patrie vous introduira un jour pour y jouer votre rôle, — obscur ou glorieux, peu importe, pourvu qu'il soit honnête et digne d'un Français, — voilà comment nous voulons cependant vous faire vivre déjà de cette vie *nationale* qui rend les *peuples forts,* et les *civilisations* durables.

MONSEIGNEUR,

Je ne saurais dire toute la joie que nous éprouvons de vous posséder au milieu de nous ; les regards heureux de ces chers enfants et de leurs familles le témoignent mieux que toute parole. Nous devons l'honneur de votre présence

à une activité qui se multiplie malgré les distan-
ces, et à une bonté qui se donne sans compter
avec la fatigue. Durant toute une semaine, tant
d'Etablissements diocésains d'instruction secon-
daire auront reçu, de votre cœur d'évêque les
bénédictions les plus précieuses, de votre bouche
les plus affectueux encouragements, et de vos
mains les couronnes qui vont orner le front de
ces enfants. Sur les bords gracieux de la Nive
et de l'Adour, à Larressore et à Bayonne, sur
les rives des deux gaves béarnais, à Orthez, à
Oloron, à Bétharram, d'une extrémité à l'autre de
votre diocèse, c'est l'élite de la jeunesse qui
reçoit le même enseignement sous votre direction
et sous vos auspices ; c'est l'élite des familles
du pays qui se pressent autour de ces enfants
pour attester leur sympathique confiance et au
prélat vénéré qui conduit cette œuvre, et aux
membres de son clergé qui lui vouent leurs plus
belles années, souvent même toute leur vie de
prêtre.

Dans ce moyen-âge français, dont j'ai parlé,
sinon comme il le mérite, du moins avec un
cœur qu'anime l'amour de son pays, les *écoles
épiscopales* furent des foyers de lumières et de
patriotisme. Grâce aux Evêques, grâce à vous,
Monseigneur, l'histoire des siècles écoulés est
encore, sous ce rapport, l'histoire de nos jours, et
particulièrement l'histoire de votre diocèse. Vos
nombreuses maisons d'éducation ne cesseront
point d'être ces foyers d'où rayonnent dans l'âme

des jeunes générations les principes et les sentiments les plus catholiques et les plus français en
même temps. Elles fourniront, chaque année, une
nouvelle preuve de cette vérité inscrite en traits
assez éclatants dans l'histoire de l'enseignement,
comme dans l'histoire de France : « Tout est
chrétien dans la bonne *éducation nationale ;* et
tout est national dans la bonne *éducation chrétienne.* »

J. FLORENCE,

Supérieur du Petit Séminaire d'Oloron-Ste-Marie.

Bayonne, imp. A. LAMAIGNÈRE.

www.ingramcontent.com/pod-product-compliance
Ingram Content Group UK Ltd.
Pitfield, Milton Keynes, MK11 3LW, UK
UKHW021053120726
13693UKWH00006B/2613